**Proyecto y realización**
Parramón Paidotribo
**Dirección editorial**
Lluís Borràs
**Edición**
Cristina Vilella
**Texto**
Carme Martín Roca
**Ilustraciones**
Teresa Herrero Rived
**Diseño gráfico y maquetación**
Zink Comunicació S.L.
**Producción**
Sagrafic, S.L.

Gaudí
**ISBN:** 978-84-342-3337-9

10ª edición
© 2014, ParramónPaidotribo.
Les Guixeres. C/ de la Energía, 19-21
08915 Badalona (España).
Tel.: 93 323 33 11 – Fax: 93 453 50 33
http://www.parramon.com
E-mail: parramon@paidotribo.com

Impreso en España

Derechos exclusivos de edición para todo el mundo

Prohibida la reproducción total o parcial de esta obra mediante cualquier recurso o procedimiento, comprendidos la impresión, la reprografía, el microfilm, el tratamiento informático, o cualquier otro sistema, sin permiso escrito de la editorial.

Cualquier forma de reproducción, distribución, comunicación pública o transformación de esta obra sólo puede ser realizada con la autorización de sus titulares, salvo excepción prevista por la ley. Diríjase a CEDRO (Centro Español de Derechos Reprográficos, www.cedro.org) si necesita fotocopiar o escanear algún fragmento de esta obra (www.conlicencia.com) 91 702 19 70 / 93 272 04 47.

# Hola...

¡Barcelona me enamora! Lo sé. Enamorarse de una ciudad suena raro, pero los lugares despiertan pasiones si imaginas todas sus posibilidades. Me pasó al descubrir Barcelona con diecisiete años. ¡Genial! Una ciudad para construir con mi fantasía: casas, iglesias, farolas, parques...

La antigua Barcelona era muy diferente a la actual. Rodeada de grandes murallas medievales, tan sólo era el Barrio Gótico. ¡Qué pequeña!, ¿no? Claro que vivía muchísima menos gente que hoy. El resto, campos y huertas; un paisaje absolutamente plano, casi sin viviendas.

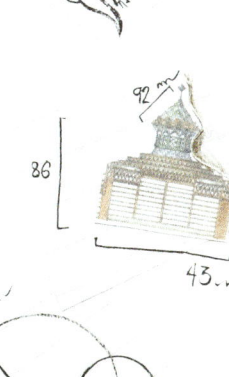

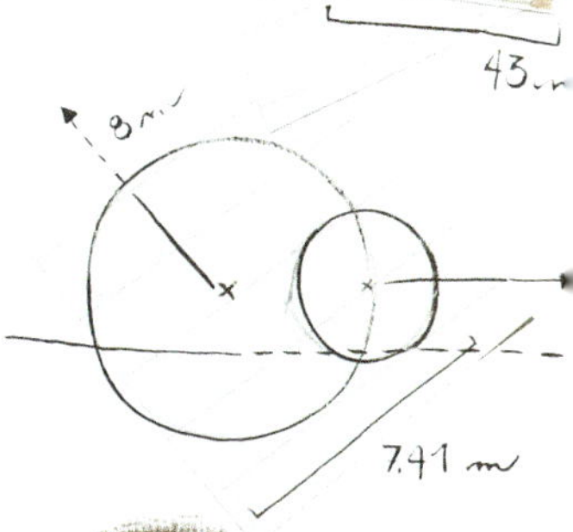

Unos años antes, en 1859, había empezado el sorprendente proyecto urbanístico del ingeniero Ildefonso Cerdà para agrandar la ciudad, el barrio del Ensanche. Sobre el terreno se marcaron calles y plazas como el paseo de Gracia o la plaza de Cataluña. Sin luces y con muchos agujeros por todos lados. ¡Pasear era arriesgado! Quedaba mucho por hacer en el paisaje urbano de Barcelona y yo tenía creaciones geniales en mi cabeza.

# Mi encuentro con Barcelona

Al acabar la educación básica con dieciséis años en el colegio de los padres Escolapios de Reus, mis padres me enviaron a estudiar arquitectura a Barcelona. La ciudad, centro de mi vida y mi profesión, estaba por construir.

Barcelona ocupaba sólo el pequeño Barrio Gótico amurallado. Estaba prohibido construir afuera. Pero había llegado mucha gente nueva para trabajar y... ¡no se cabía! La lista de problemas era interminable: calles mal iluminadas y poca seguridad, no existían alcantarillas, no llegaba agua corriente a los edificios, etc. Por supuesto, tampoco existían casas para todos sus habitantes.

En 1858 acabó la prohibición y el Ayuntamiento de Barcelona convocó un concurso para premiar el mejor proyecto de ampliación de la ciudad. Fue el de Ildefonso Cerdà. Su propuesta consistía en un conjunto de manzanas de edificios donde se combinaban viviendas, negocios y zonas con jardín. ¿Habéis mirado alguna vez un plano central de Barcelona? El barrio del Ensanche ha marcado el dibujo de sus calles.

Los paseos y las plazas de esta ampliación de la ciudad antigua debían llenarse con edificios de todo tipo. Yo disponía de energía desbordante, una imaginación ilimitada y las ganas de trabajar con que me educaron mis padres. ¡Uy! Se me olvidaba contaros mi niñez…

Nací el 25 de junio de 1852 en Reus, una ciudad de Tarragona, provincia de Cataluña. Mi madre era una señora trabajadora, afectuosa y muy creyente. Íbamos a misa todos los domingos y cumplíamos con todas las celebraciones religiosas: la Cuaresma, la Semana Santa, la Navidad y la Epifanía.

Yo era un niño muy tranquilo y vergonzoso. Al nacer tenía los cabellos claros, la piel muy fina y las mejillas sonrosadas… ¡Como si fuera del norte de Europa! Sin embargo, me resfriaba mucho en invierno y mi madre no me dejaba salir hasta que lucía un buen sol.

Mi padre era calderero, como mi abuelo materno, y tenía un conocido taller en el centro de Reus. También mi tío poseía una forja en el barrio del Raval de Sant Jaume, no muy lejos del de papá. He crecido en una familia de artesanos de los metales; por eso me apasionan sus talleres y objetos. Con hierro, cobre y estaño fabricaban de forma manual ollas, rejas, farolas, pomos, etc.

¡Es increíble lo que el fuego puede hacer! Mi amigo Llorenç Matamala y yo nos pasábamos horas observando cómo trabajaban mi padre y mi tío con los martillos. Les intentábamos ayudar en sus tareas. Llorenç elaboraba moldes de yeso de futuras obras y yo creaba piezas de volúmenes sorprendentes. Nos entendíamos muy bien y continuamos nuestra amistad durante toda nuestra vida.

## La naturaleza es un gran libro abierto…

¡Me encantan las excursiones! Explorar cuevas, oler flores, observar los movimientos de los animales, mirar los infinitos colores de la vegetación, descubrir piedras con formas geométricas curiosas… Los especialistas en mi obra creen que mi espíritu de arquitecto surgió durante mis excursiones infantiles y de juventud.

Quizá tengan razón. Lo cierto es que, solo o acompañado, las horas pasan volando en la naturaleza. Aprendes un montón y, al mismo tiempo, te diviertes. ¿Lo habéis probado? Mis observadores ojos devoraban toda la información ofrecida por los campos y bosques de mi querida tierra. Es un paisaje muy especial, si sabes por dónde pasear. Llegué a distinguir centenares de plantas, animales y rocas con facilidad.

A lo largo del siglo XIX, en Europa se desarrollaba la cultura del romanticismo. Los románticos valoran el contacto con la naturaleza y el uso del propio idioma como muestra de amor por su país.

Cataluña estaba creciendo económica, social y culturalmente gracias a su industria y a los empresarios del momento. Y aquí el movimiento romántico cultural se llamó «La Renaixença», que era el nombre de un diario catalán de 1871.

Me gustaban estas ideas románticas. Por eso, me uní a un grupo de importantes escritores como mosén Cinto Verdaguer y Santiago Rusiñol, entre otros, para firmar un escrito conjunto. Amamos nuestro paisaje y queríamos crear el Centro Excursionista de Cataluña. Es una organización de promoción de las excursiones. Todos debemos cuidar la naturaleza que nos rodea. ¡Las personas -como los animales y las plantas- también somos parte de ella!

La naturaleza siempre ha estado presente en mi vida y mi obra. Imitaba su técnica de construcción: fachadas como acantilados, pavimentos rocosos, piedras rugosas, canales de agua, la luz del sol como iluminación, ventilación natural, etc. Y también la usaba como decoración: lagartos, caracolas de mar, coloridas decoraciones de plantas, columnas retorcidas como serpientes... ¿Se observan en mis edificios?

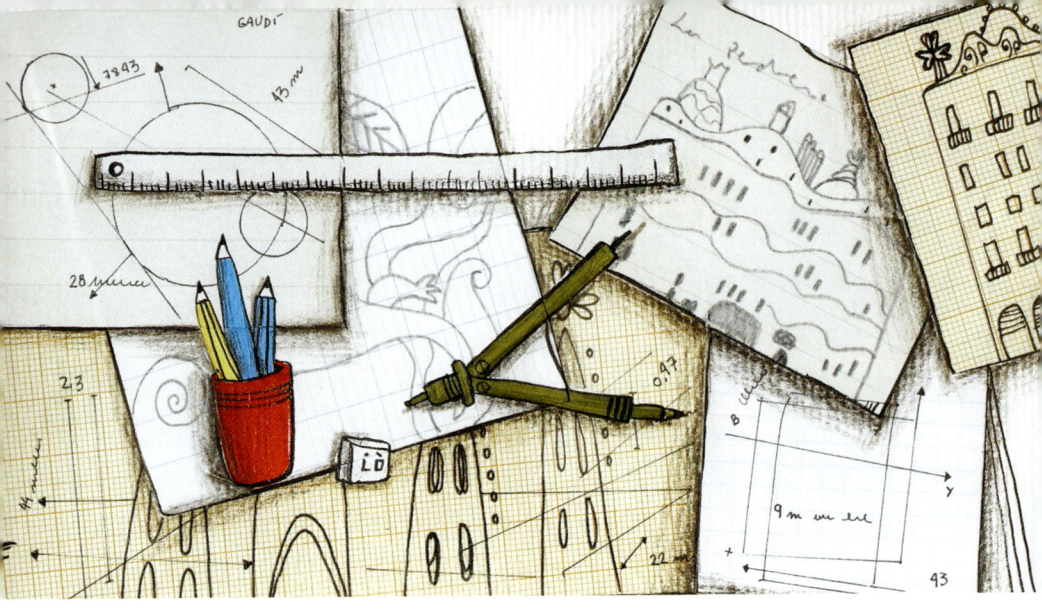

# Mis primeros proyectos

Durante cuatro años estudié en la Escuela de Arquitectura de Barcelona. ¡Me esforcé muchísimo! Leía la historia de edificios de varios países. Miraba durante horas sus láminas y los dibujaba copiando sus detalles. En casa, me habían enseñado a trabajar sin descanso para lograr lo que uno quiere. Cuando lo consigues, lo valoras más.

Para aprender mejor y ganar algo de dinero, colaboré con diversos profesionales de la arquitectura. Por ejemplo, hice de delineante de F.P. del Villar (¡el primer arquitecto de la Sagrada Familia!). Los delineantes copian planos y repasan las líneas de los dibujos de los proyectos de los arquitectos.

También ayudé al creador de la reja y la cascada del Parc de la Ciutadella durante los preparativos de la Exposición Universal de 1888. En aquellos años, Barcelona estaba en un momento de enorme fiebre constructiva. ¡Una ciudad de locos!, escribían los diarios. Yo diseñé unas farolas de seis brazos para la plaza Real. ¡Todavía están ahí!

Mi recuerdo más interesante de esta época fue observar el buen hacer de los talleres decorativos artesanales: de ebanistería, de forja, de orfebrería, de escultura... Crear objetos con tus propias manos llena de fuerza y alegría a cualquiera. ¿Lo habéis probado alguna vez? ¡A mí me encanta!

Mi primera creación fue mi propia mesa de trabajo. Era un escritorio muy útil para dibujar y también para escribir con pluma. Escogí la mejor madera del mercado y diseñé preciosos acabados. «La forma de las cosas ha de ser adecuada a su uso y a los materiales utilizados», escribí en mi único artículo publicado en un diario. Es decir, los objetos deben ser bonitos y útiles a la vez.

Y a continuación... ¡a Mataró! Fui en tren a esta ciudad de la costa catalana famosa por su industria textil. ¿Sabíais que la primera línea de tren española fue el trayecto Barcelona – Mataró? Esto demuestra la importancia de este pequeño municipio a finales del siglo XIX y principios del siglo XX.

Los propietarios de la primera empresa cooperativa obrera española de tejidos, La Mataronense, me encargaron su proyecto completo. Dibujé la fábrica, la sala blanqueadora, las viviendas de los trabajadores... Hoy sólo queda en pie una sala y los antiguos lavabos, recubiertos con baldosas de colores. Actualmente, el Ayuntamiento de Mataró es el responsable de su conservación. Por el momento, alguna vez han hecho alguna exposición de arte en ella.

En Mataró conocí al único gran amor de mi vida: la Pepeta, como la llamaban los niños con cariño. Josefa Moreu era una maestra en la cooperativa obrera. Era una mujer joven, alta y decidida. Me conquistó con su mirada, pero yo era demasiado tímido para expresarle mi amor. Cuando finalmente le pedí ser novios formales y casarnos, Pepeta me rechazó. Se había comprometido con un constructor de Mataró más mayor. ¡Qué disgusto! Me prometí a mí mismo: sólo me enamoraré de mi trabajo. Y lo cumplí.

## ¿Una medalla a un mueble-vitrina?

En aquella época, París era una gran ciudad cosmopolita, centro artístico y cultural de toda Europa. Se celebraban exposiciones universales de intercambio científico y comercial entre países de todo el mundo. Todos querían mostrar sus avances técnicos y artísticos. Los industriales y los empresarios exponían sus mejores productos para ser admirados por todos los visitantes del acontecimiento. ¡Incluso se daban premios!

En la Exposición Universal de París de 1878, el fabricante barcelonés Esteban Comellas me encargó un mueble para exponer sus delicados y elegantes guantes. Ideé un expositor de vidrio combinado con varias maderas de diversos tonos. Era muy práctico y se podían mirar los guantes desde todos los lados. La vitrina expositor fue un éxito absoluto ya que seguía la moda modernista y... ¡ganó la medalla de plata!

¿Qué es el modernismo?, preguntaban algunos. Era un estilo artístico nuevo nacido en Europa. Lo seguían todas las técnicas: pintura, escultura, arquitectura, ebanistería, orfebrería, platería, forja, etc. Tan digno e interesante es un mueble, como una figura o una tienda. Es modernista cualquier objeto de arte o edificio moderno, práctico y popular.

Cada obra intenta adaptarse al gusto personal de cada cliente. Al final, acaba gustando a todo tipo de público; especialmente a la sociedad burguesa. Los industriales, los empresarios y los grandes comerciantes deseaban comprar todo aquello con "aire modernista".

¡Qué éxito en la Exposición Universal de París! Además del premio, conseguí varios clientes para mis siguientes proyectos. Uno de ellos, un culto burgués catalán, sumamente rico, se enamoró de mi atrevida creación. A su regreso a Barcelona, Eusebi Güell me buscó por todos los talleres de la ciudad para encargarme un proyecto muy especial. Así empezó nuestra valiosa relación... Pero no vayamos tan deprisa.

## Con veintiséis años... ¡ya soy arquitecto!

En 1878 logré el título, a pesar de haber discutido a veces con los profesores. Me reñían por ser un poco respondón y tozudo. «Soy como los de mi tierra», pensaba yo. No hay nada malo en defender las propias ideas si se hace de forma educada y con respeto. El director de la Escuela de Arquitectura dijo al resto de profesorado: «Hoy hemos dado el título a un genio o a un loco. El tiempo lo dirá». ¿Acertó?

Por fin... ¡arquitecto! Estaba muy contento. Quería viajar por Andalucía y Marruecos para ver la atractiva y colorida arquitectura oriental, pero surgió un encargo importante y lo aplacé. «Primero es el trabajo y luego la diversión», aconsejan mis padres. Además, estaba ilusionado con un encargo de gran tamaño y responsabilidad: la vivienda de un conocido industrial catalán.

El fabricante de baldosas y azulejos Manel Vicens había visto mi mueble en la Feria de París. Por eso, me encargó la construcción de su casa de verano en el barrio de Gracia de Barcelona. Me dio completa libertad. Confió en mis ideas y pude mezclar la piedra vista con ladrillos rojizos y baldosas de su fábrica. Su fachada sorprende a muchas personas por su colorido y un cierto toque de exotismo árabe.

No sólo proyecté el exterior, sino que también marqué la decoración interior. Cada habitación era especial: pinturas murales, mosaicos en el suelo, relieves de yeso en el techo… La sala de fumadores aparece fotografiada en casi todos los libros sobre mi obra como ejemplo de horror vacui. «¿Qué significa?», preguntó el señor Vicens. «Es la palabra que define la técnica de no dejar nada sin decorar y llenarlo al máximo.»

Debido a mi entusiasmo por la naturaleza y a mi conocimiento de las plantas mediterráneas también diseñé el jardín, rodeándolo de un muro de ladrillo. Y, para la magnífica puerta de entrada, usé varias hojas de palmera en hierro negro. Me ayudó mi amigo de la infancia Llorenç. Su molde de yeso permitió que todas las hojas de forja fuesen iguales.

## Mi mecenas y amigo: el conde Eusebi Güell Bacigalupi

Un día, Llorenç, que tenía un céntrico taller de escultura en Barcelona, me comentó: «Antoni, un señor ha venido para conocer al creador del mueble-vitrina de guantes de París». Así empezó mi amistad con un conde.

Eusebi Güell era un hombre poderoso y con buen gusto artístico. Poseía negocios, terrenos, propiedades heredadas y suficiente dinero para construir lo que quisiera. Sabía que sus edificios eran la imagen de su elevada posición social. Necesitaba un arquitecto de confianza, con ideas avanzadas y excelente profesional. Yo era un trabajador muy perfeccionista e innovador. Nos caímos bien.

Hablamos de todo un poco: de la necesidad de experimentar y reflexionar antes de construir, de la calidad de los artesanos catalanes, de la importancia de organizar bien los ambientes confortables... Nos pusimos de acuerdo y se convirtió en mi mejor cliente.

Siempre me sentí protegido por el conde; parecía mi mecenas. Durante toda la historia del arte, los mecenas han sido personas ricas, cultas y poderosas, muy importantes para los artistas. Les pagaban los materiales para que pudieran crear sus obras y les proporcionaban lo necesario para vivir.

A lo largo de mi vida construí varias obras para él, dentro y fuera de Barcelona: las Bodegas de Garraf, la iglesia de la Colonia Güell de Santa Coloma de Cervelló, los Pabellones de la Finca Güell, el Park Güell y su residencia habitual, el Palau Güell. Os comento algunas de ellas.

## Algunas de las obras del conde Güell en Barcelona

El edificio más lujoso a finales del siglo XIX en la ciudad condal era el Palau de la calle Nou de la Rambla: la casa de Eusebi Güell. Fue una reconstrucción para ampliar un edificio antiguo, propiedad de su familia desde hacía tiempo. Usé la piedra de sus terrenos del macizo montañoso de Garraf. Lo cubrí con los mejores mármoles y maderas de la época para unificar el aspecto final del edificio. Y, para reconocer de quién era el palacio, puse sus iniciales E y G en la doble puerta de entrada.

El conde ofrecía magníficas fiestas para la gente importante del momento. Siempre se celebraban en la iluminada sala central del palacio. La cúpula agujereada del techo dejaba entrar los rayos del sol y era muy agradable. Además, la música de las orquestas sonaba muy bien entre sus paredes.

El edificio era tan diferente al resto de casas que toda la burguesía envidiaba a Eusebi Güell. A veces, hacían comentarios maliciosos. Incluso, su hija, se quejó de mi arquitectura: «en mi habitación no cabe un piano». El caso es criticar. Me enfadé y le dije respetuosamente: «Cambie de afición y dedíquese a tocar el violín». La gente opina de arquitectura sin estudiar antes. ¡Qué se han creído!

En otro terreno de la ciudad, situado en el barrio de Pedralbes de Barcelona, el conde me encargó realizar dos pabellones: la casa del conserje y las cocheras de las carrozas de caballos. ¡Los vehículos de antes ocupaban mucho más espacio que los coches de hoy! Actualmente los pabellones de la finca Güell son la sede de la Cátedra Gaudí, un lugar para los investigadores especialistas en mi obra.

Los dos edificios están unidos entre sí por una espectacular puerta de hierro forjado. Es un feroz dragón protector con la boca abierta. ¡Como el animal muerto por Sant Jordi, el patrón de Cataluña! Incorporar elementos de la historia de mi tierra es otra característica típica de mi obra.

Continuaba usando el ladrillo rojo para las paredes, siguiendo el estilo rojizo de la arquitectura musulmana. Pero esta vez, como los muros eran curvos, los decoré con trocitos de baldosa blanca rota. ¡Mi nueva técnica será muy famosa!

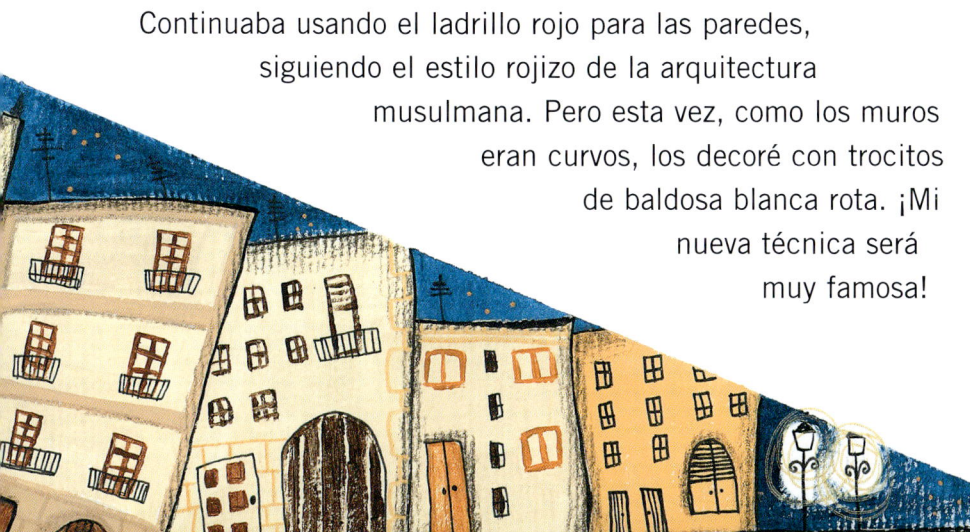

# Más proyectos para el conde fuera de Barcelona

Los dos proyectos de fuera de la ciudad se encuentran a pocos kilómetros de ella y forman parte de los negocios del conde Güell. Son la Bodega Güell del macizo montañoso de las costas de Garraf y la Cripta Güell de la Colonia Industrial de Santa Coloma de Cervelló.

En la montaña de Garraf el conde tenía unos campos de uva y quería tener cerca una bodega donde elaborar el vino y guardarlo. Yo diseñé un pequeño proyecto de dos edificios: uno de planta rectangular y el otro con un tejado piramidal acabado con una pequeña chimenea. Todo el conjunto es de color beige claro. Mi encargado de obra preferido, Francesc Berenguer, dirigió las obras.

En el primer edificio, hay una planta baja dedicada a la bodega. En la segunda planta situé la vivienda de Eusebi Güell, necesaria en sus visitas de control del negocio.

Y, por último, en la tercera planta, realicé una pequeña capilla privada para la familia. El segundo edificio es la portería para el servicio doméstico de la vivienda.

Aproveché las piedras que la naturaleza de los alrededores me proporcionaba y así integré la bodega perfectamente en el paisaje de la zona. Está tan alta que tiene unas magníficas vistas del mar Mediterráneo. Y, como agradecimiento a su encargo, incluí la letra "G" esculpida sobre la piedra de la fachada del conjunto. Es la inicial del apellido del conde y sé que le gustan mucho estos detalles en sus edificios.

La Cripta Güell de la Colonia Industrial de Santa Coloma de Cervelló fue un proyecto urgente del conde. En la citada población, poseía un conjunto residencial, con campos de deporte y teatro, para los obreros de su fábrica textil. Eusebi Güell era un hombre preocupado por los trabajadores de su industria. Por eso, quiso que tuvieran cerca de sus casas un templo donde rezar los domingos. Y me lo encargó a mí.

La primera piedra del recinto se colocó en 1908 y se empezó a usar en 1915, aunque la Cripta no estaba acabada. Quería perfeccionarla constantemente y experimentaba en ella muchas soluciones técnicas constructivas. De hecho, fue como mi laboratorio de pruebas para la Sagrada Familia.

Lo más destacado en ella es su planta única y su techo con múltiples arcos y bóvedas. Parece una gran cueva natural de oración. Está llena de columnas inclinadas, vidrieras multicolores en ventanas de extrañas formas, bancos de madera y hierro, mezcla de tocho visto con piedra troceada… El resultado final es el de una pequeña iglesia extravagante: como si todos los elementos se estuvieran moviendo.

## La Sagrada Familia: ¡Qué reto!

Este templo es el símbolo de Barcelona y tiene una historia complicada, que aún no ha acabado. La Asociación de Devotos de San José, formada por ricos y católicos burgueses, quería una catedral para la ciudad moderna. Deseaban la mejor iglesia para el Ensanche, el nuevo barrio ampliado de Barcelona.

Recolectaron dinero para construirlo y encargaron el proyecto al arquitecto Francesc de Paula del Villar (sí, sí, del que yo fui su delineante cuando estudiaba). Como en toda construcción religiosa importante se celebró un acto de inicio para bendecirlo en nombre de Dios. El obispo de Barcelona José María Urquinaona colocó la primera piedra inaugural el 19 de marzo de 1882 junto al arquitecto. Exactamente no sé qué pasó pero, al poco tiempo, los dirigentes de la Asociación lo despidieron.

A mis treinta y un años, mi fama de hombre creyente entregado a su profesión y con una vida sin lujos ni escándalos les convenció para encargarme la continuación del templo. No podía destruir lo construido y realicé una reforma neogótica completa y muy personal. ¡Un enorme reto para un arquitecto joven! No existe nada igual en todo el mundo.

Es una obra monumental, con unas características torres gigantescas acabadas en cruz. Son como enormes trompetas. Les hice muchos agujeros para que las atravesara el viento. Quien sube por sus escaleras hasta lo más alto, escucha una música celestial.

Está llena de símbolos y estatuas religiosas que la decoran. ¡Más de 100 especies vegetales y decenas de figuras! Nombré a mi amigo Llorenç como director del taller de escultura y cada anochecer, de camino a mi casa del Park Güell, hablábamos sobre el ritmo de construcción del templo. ¿No lo había comentado? Sí, durante un tiempo viví en un parque... Más adelante os lo explico.

Creo que estaba en mi mejor momento creativo como artista. Sentía la presencia del espíritu divino en todo lo que hacía. Al principio construí poco en el templo, porque no quería perder la oportunidad de hacer otros edificios. Pero desde el año 1914, me dediqué a él casi de forma exclusiva. ¡Incluso vivía en su taller! Junto al Park Güell, son los proyectos de mayor volumen y ejemplo de mi perfeccionismo. ¡Lástima que no los pude acabar! Yo sólo vi terminada la llamada Fachada del Nacimiento.

Tras mi muerte, la Asociación de Devotos de San José ha seguido con mi obra gracias a las donaciones. Primero, encargando su continuación a mi ayudante Domènech Sugrañés y luego a otros. Todos han seguido mi idea original... ¿Se terminará algún día? ¿Se adaptará el sagrado templo a la actualidad o algún día será destruido?

# Y ahora... ¿un colegio?

Parecía que lo mío era continuar los proyectos inacabados de otros artistas... ¡Es broma! Lo que nos sucede a los arquitectos, a diferencia de otros artistas, es que cuesta mucho esfuerzo, tiempo y dinero construir nuestras obras.

Las religiosas de Santa Teresa de Jesús encargaron un colegio en el barrio de San Gervasio de Barcelona a un arquitecto, que se fue sin acabarlo. Entonces pidieron ayuda al obispo Joan Bautista Grau, un conocido mío a quien le reformé el palacio Episcopal de Astorga (Cantabria) en 1889.

Las monjas no disponían de suficiente dinero y yo disfruto con los desafíos. Debía continuar el edificio con muy pocos recursos económicos. Por eso, pensé en utilizar materiales sencillos pero dándoles otras formas e imaginando usos decorativos nuevos.

El arco de la entrada con piedra rugosa, el mosaico con formas geométricas coloreadas en los suelos... Destacan los ladrillos de arcilla de su fachada y sus ventanas alargadas. Parece un castillo. ¿No?

Lógicamente, en un colegio de monjas, la decoración es religiosa: ángeles, el Ave María y cruces. Entre ellas, una cruz de cuatro brazos hecha en hierro, repetida varias veces en el edificio.

Este tipo de cruz es un elemento religioso imprescindible en mis creaciones. Todo el colegio parece muy serio y austero pero, como lo construí alrededor de dos patios interiores, los rayos del sol llenan y embellecen las aulas y pasillos.

Acabé el colegio en un tiempo récord, pues las monjas querían iniciar sus actividades docentes. Incluso les proyecté su jardín de palmeras y pinos, con caminos, bancos de piedra y patios de deporte. Lástima que éste se ha perdido en su mayoría a causa de la construcción de una gran ronda para la circulación. ¡Los coches acabarán con los espacios bonitos de la ciudad!

En todo el recinto del colegio se respiraba la calma y la tranquilidad necesaria para estudiar. Parecía que santa Teresa de Jesús, la fundadora de las monjas estuviera, de alguna forma, con ellas en el edificio. Yo creo mucho en la protección de los santos. Quizá por eso, siempre me ha gustado realizar obras de carácter religioso como este colegio teresiano.

Como me enseñó mi madre, iba a rezar cada día a un lugar tranquilo. Al salir del trabajo por la tarde me acercaba a mi iglesia preferida del barrio gótico de Barcelona. Es la de Sant Felip Neri, cerca de la Catedral. Hoy podéis ver aquí un cuadro donde aparece pintado un sacerdote con mi cara. «¿Por qué?», os preguntaréis. Pues debido a que el joven pintor de entonces, me confundió con uno de ellos.

También cumplía con las tradiciones religiosas, como el ayuno de Semana Santa. Es decir, durante la Cuaresma dejaba de comer carne y rezaba mucho. En 1894 me puse muy enfermo. Desde entonces, tuve que descansar a menudo y aflojar mi ritmo de trabajo.

## Premio al mejor edificio de Barcelona de 1900

La industria catalana continuaba creciendo sin parar y los burgueses obtenían grandes beneficios económicos. El dinero les daba la posibilidad de aumentar sus negocios y, al mismo tiempo invertir en nuevos. También les permitió desarrollar nuevas aficiones culturales y de ocio. Querían estar metidos de lleno en el lujoso ambiente urbano de las grandes capitales y construir edificios personales.

Siguiendo la costumbre social, la familia Calvet, compró un terreno en una zona de moda de Barcelona y buscó un arquitecto de prestigio: ¡YO! El edificio incluía una zona para el negocio familiar, una primera planta para la vivienda personal y las restantes para pisos de alquiler. Realicé la distribución típica de casi todos los edificios propiedad de las familias de ricos industriales.

El solar estaba entre dos edificios ya construidos y la familia era un poco tradicional, por eso proyecté una fachada sencilla.

Su decoración consistía en los mismos bloques de piedra rugosos y un gran balcón central, que sobresalía. Y en la parte superior puse unas cabezas esculpidas surgiendo de la pared.

Mi espíritu artístico se ve mejor en la decoración interior. Encontraréis cipreses, olivos y setas de distintas clases repartidas por los espacios. El vestíbulo y el ascensor están hechos con formas curvas naturales; al igual que los tiradores y las manetas de las oficinas. Además, también diseñé su conocido mobiliario en roble. Sillas, bancos y mesas tienen en cuenta la forma del cuerpo humano para conseguir la mayor comodidad posible.

La Casa Calvet, la nueva residencia de los conocidos industriales catalanes, ganó el premio al mejor edificio de Barcelona del año 1900. Este premio lo concedía el Ayuntamiento.

¡Qué prestigio para sus propietarios! Y para mí también, ¡claro!

Mis edificios son una obra de arte total. Eso significa que debo imaginar todo, desde su estructura y su exterior hasta su interior, antes de construirlo. Muros, suelos, rejas, lámparas, espejos, armarios… Cada elemento tiene una función concreta dentro del conjunto, colaborando en el efecto final deseado.

Mis proyectos buscan el equilibrio entre el confort, el buen gusto y la utilidad. Por eso el arquitecto debe ser un artista completo. Debe conocer todas las técnicas y oficios (escultura, ebanistería, forja, pintura…) para diseñar totalmente sus obras. Lo aprendí de joven paseando por los talleres de la ciudad.

## Park Güell: el sueño de la ciudad-jardín

Al conde Güell le encanta viajar. De Inglaterra trajo la idea de construir una ciudad-jardín en sus terrenos de la Muntanya Pelada de Barcelona. «¿Qué es eso?», pregunté. «Es edificar un barrio de casas lujosas con árboles, caminos y plazas en medio de la naturaleza», contestó. ¡Qué genial! Así nació el Park Güell. Escrito con "k", como los ingleses.

De todo el proyecto original sólo se llegaron a construir un par de casas: una para vivienda del conde y otra para mí. Hoy en día esta última es un museo de la Asociación de Amigos de Gaudí, un grupo de seguidores que defiende mi obra. Expone algunos dibujos, varios de mis muebles y otros diseños míos. En esta casa estuve viviendo con una sobrina mía, que me ayudaba a cuidar a mi padre, ya mayor. A su muerte, me trasladé a vivir al taller de la Sagrada Familia para dedicarme casi en exclusiva al templo.

Al principio, nos dieron mucho trabajo las excavaciones para preparar el terreno del parque. El motivo principal: mi tozudez. Quería aprovechar el mayor número de piedras posible y parte de la vegetación natural del lugar para el resultado final. Enormes palmeras, árboles algarrobos, arbustos de romero y tomillo… Unir Arquitectura y Naturaleza. ¡Mi sueño!

Como era una urbanización, empezamos por las calles, plazas, paseos, alcantarillas, el sistema de iluminación, las tuberías de agua corriente y el espacio necesario para cada una de las 60 casas. ¡Había más de 15 hectáreas de terreno por llenar!

No os aburriré con explicaciones técnicas. Describiré los elementos más bellos como si paseara con vosotros por sus caminos. La finca del Park Güell está rodeada por un muro rematado con trozos de cerámica blanca ¡como la nata de un pastel! Situé la portería del conserje al lado de la puerta principal. La vivienda es un torreón de fantasía: altísimo y coronado en rojo y blanco. Parece una seta; ¿no?

Una vez dentro del parque, tenemos que subir por una gran escalinata doble. En el centro nos vigila la escultura de un amenazante animal coloreado: ¿lagarto o dragón? Se rumorea que su expresiva forma ondulante es fruto de mis saltos sobre su estructura interna de hierro... ¿Será verdad?

A continuación, se entra en el mercado cubierto, soportado por casi ¡100 columnas! Son gruesas para esconder los tubos por donde corre el agua de la lluvia para regar los jardines. En mis construcciones siempre he intentado aprovechar al máximo todo lo que nos proporciona la naturaleza.

Finalmente, subiendo las escaleras de la derecha, se llega a la plaza central con el conocido y largo banco ondulante decorado con cerámica. ¡Es una explosión de alegría para la vista!

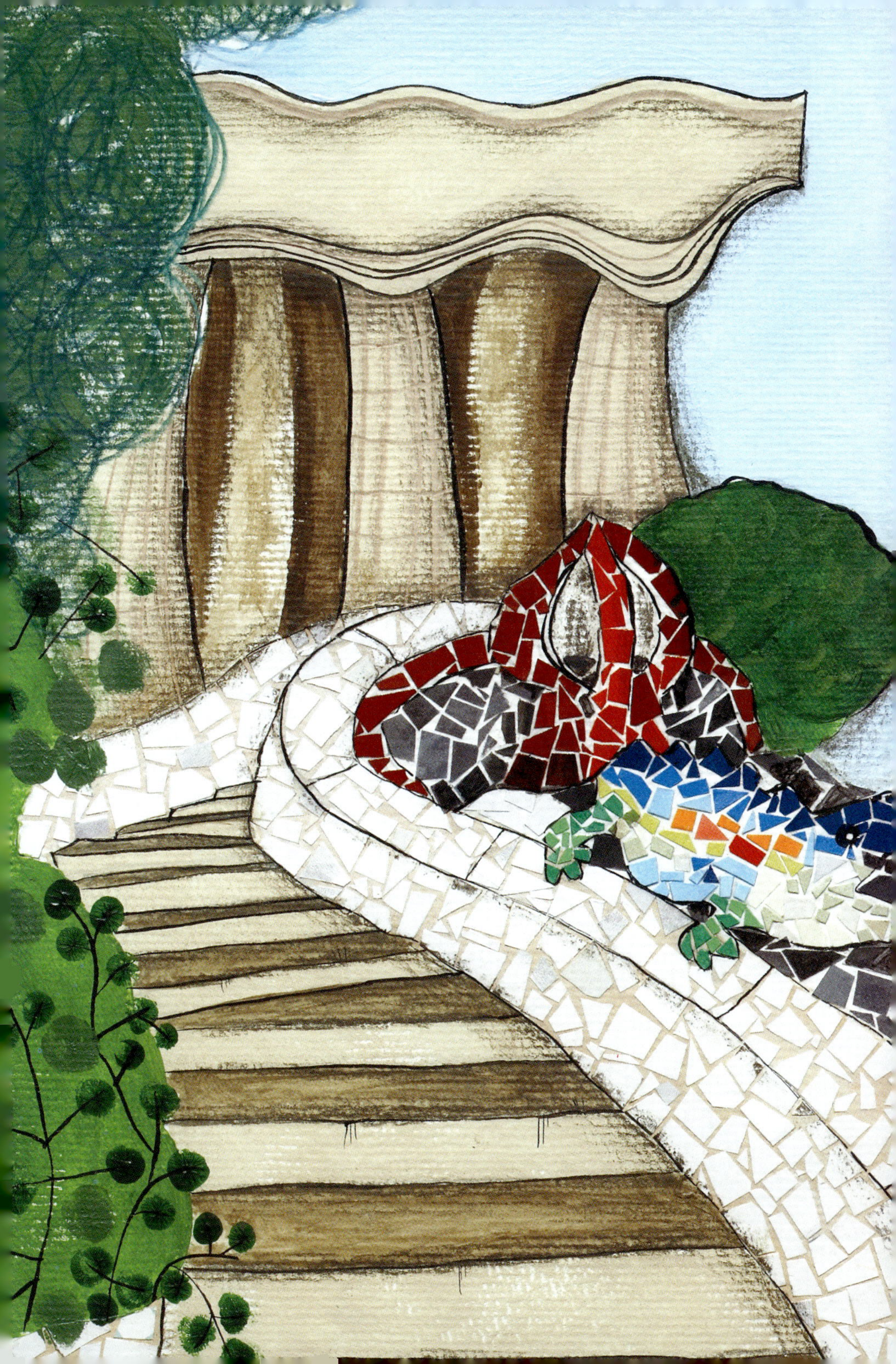

## Un puzzle cerámico de colores

La típica decoración del Park Güell se llama "trencadís" y es mi aportación más famosa a la historia del arte. Aunque reconozco que mis geniales colaboradores han hecho crecer su valor y belleza. Está por todas partes: en los medallones del mercado, en el banco de la plaza, en los círculos con el nombre del park en el muro, etc. A partir de entonces utilicé esta técnica frecuentemente en otros proyectos. ¡Decora cualquier elemento!

La técnica consiste en juntar trocitos de baldosas multicolores con porcelana, cristales e incluso trozos de cerámica metalizada. Da color y energía a columnas, muros y tejados. Como me gustaban las formas redondas de la naturaleza y no se adaptaban las baldosas cuadradas... Era más fácil romperlas y combinar los pedacitos en las partes curvas, que decorarlas con las enteras.

Además, es un gran reto conseguir un dibujo nuevo a partir de los dibujos y colores de las piezas enteras. Los efectos visuales conseguidos son muy raros. Están totalmente personalizados por cada artista que los une. Es una técnica muy peculiar que tiene muchos admiradores y seguidores. La podréis ver usada en joyas, mesas, sillas, ceniceros, etc.

Es como montar… ¡un puzzle! Os invito a hacerlo con papeles de colores de distintos tamaños, imaginando que son trozos de cerámica y baldosas. De hecho, los pintores modernos de principios del siglo XX usaban una técnica similar llamada colage. En ella mezclaban materiales de todo tipo, tamaño y colores enganchados sobre las telas de sus cuadros. ¡Qué divertido!

Poco a poco lo fuimos mejorando entre todos. Unas veces, uniendo trozos de platos y tazas de café. Otras, jugando con brillantes pedacitos esmaltados de colores para reflejar los rayos del sol. Eso sí, siempre pensábamos antes los dibujos para asegurar la calidad del resultado. Mis preferidos son obra de mi joven y original colaborador Josep Maria Jujol.

Al principio la gente se burlaba y en los periódicos dibujaban tiras cómicas sobre mi técnica: «En el Park Güell hay unos obreros rompiendo con martillo unas baldosas y más allá otro equipo recompone aquel rompecabezas». ¡Qué criticones! Quien ríe último, ríe mejor ¿no? El banco barandilla del Park Güell es famoso mundialmente por su "trencadís" de llamativo colorido.

## Mi auténtica familia: mis colaboradores

El éxito de los talleres de las artes decorativas en Cataluña me proporcionó valiosos colaboradores para mis proyectos. Eran gente educada, trabajadora, muy profesional y con ganas de aprender constantemente. Me sentía muy a gusto entre los artesanos del cristal, la forja, la ebanistería, la orfebrería, los ceramistas…

En mis obras, yo dirigía personalmente a los albañiles e industriales para conseguir la máxima comprensión de mis creaciones. Primero les explicaba mis ideas sobre el papel. Algunos pensaban que eran imposibles de realizar. Otros creían que eran atrevidas. Siempre les construía maquetas de barro, yeso o madera para que pudieran entenderlas más fácilmente. Luego les decía: «Ahora deja libre tu espíritu, ya te saldrá…». Y, cuando me paseaba por la obra entre ellos, les indicaba si su trabajo era correcto.

En el taller de la Sagrada Familia todavía conservan alguna maqueta, aunque muchas se perdieron durante la guerra Civil Española. Los estudiosos de mi obra las encuentran muy útiles para comprender mis proyectos y diseños. Incluso, en alguna exposición sobre mi obra, los organizadores han reconstruido algunas maquetas para el público.

Me gustaba trabajar con las mismas personas y llegué a tener buenos amigos entre ellos. Por ejemplo, desde 1887 Francesc Berenguer, arquitecto sin título oficial, fue mi brazo derecho en todos los proyectos. Lamenté mucho su muerte en 1914 ya que juntos solucionábamos problemas técnicos durante las construcciones.

Ya he nombrado al gran dibujante Josep Maria Jujol, conocido ayudante mío en el Park Güell y La Pedrera. Me apreciaba mucho y defendía mis creaciones ante cualquiera que las criticara. Desarrolló una gran carrera como artista del hierro y la cerámica.

En cuanto a mis famosos diseños de muebles… No los habría hecho sin la ayuda del maestro ebanista Joan Munné Seraní. Trabajaba con afecto toda clase de madera y nunca necesitó elementos metálicos para unir las piezas de los muebles. Convertía en reales todos mis dibujos de mesas, sillas y bancos. El carpintero de gran bigote decía a los críticos de mis obras: «El señor Gaudí sabe lo que se hace». Era muy cariñoso y me invitó a la boda de su hija en 1925.

En mis obras había un ambiente relajado, familiar y afectuoso en el que pocas veces discutíamos. Si alguna vez me enfadaba con alguien por cuestiones técnicas, le llamaba a mi mesa, bajaba la voz y le reñía seriamente, pero en privado. En cambio, les felicitaba sinceramente delante de todos. Así, me fui ganando su aprecio. Si estás a gusto en tu trabajo, las horas pasan volando. Por eso, nos sentíamos como en casa… ¡Éramos una gran familia!

## ¿La casa de los huesos?

¿Sabéis cuál era la calle más famosa de Barcelona a principios del siglo XX? El paseo de Gracia. Los domingos, las familias de la alta burguesía enseñaban su riqueza y posición social en esta avenida. Conducían lujosos carruajes, llevaban su mejor vestuario. Los grandes hombres de negocios competían por tener la vivienda más elegante, espectacular y asombrosa aquí.

En 1904, el industrial Josep Batlló me pidió reformar su antiguo edificio del paseo de Gracia. Estaba situado entre la Casa Ametller, acabada en 1894 por Josep Puig i Cadafalch y la Casa Lleó i Morera, acabada en 1903 por Lluís Doménech i Muntaner. Más tarde, debido a nuestros estilos arquitectónicos tan distintos, los barceloneses han llamado a la zona "la manzana de la discordia".

¡Ah! ¿No sabéis quiénes eran Doménech i Muntaner y su discípulo Puig i Cadafalch? Son arquitectos modernistas catalanes famosos, con destacados edificios en Barcelona y sus alrededores. Nunca nos relacionamos mucho, pero tenemos algunas características comunes, como el gusto por el colorido exótico de la arquitectura oriental y el uso combinado de materiales como el ladrillo, la cerámica y el hierro.

Pero continuemos con mi narración. Para reorganizar los espacios del interior de la Casa Batlló construí un gran patio uniendo los dos antiguos. Así, cubrí la escalera con un techo de cristal para dejar pasar la luz del sol. A este techo se le llama claraboya y reparte mucha luz por todas las plantas. Sobre todo porque en las paredes de la escalera central puse baldosas de color cielo.

La fachada principal del edificio ha de contemplarse desde la acera de enfrente. ¿A qué las curvas del tejado de cerámica azulada parecen olas del mar mediterráneo? Encima coloqué un tubo acabado con mi típica cruz de cuatro brazos. Es la cruz del heroico Sant Jordi.

También, desde el lado opuesto, destaca la curvada gran tribuna central. Y, a los dos lados, los balcones más pequeños muestran sus barandillas similares a antifaces de color marfil. La gente decía: «Son calaveras. ¡Qué miedo vivir en la casa de los huesos!». No todos comprenden a los genios… ¡Son formas de la naturaleza!

El señor Batlló estaba tan satisfecho que diseñé también sus muebles del comedor. Actualmente los podéis ver en la Casa Museo Gaudí del Park Güell. Para agradecerme la reforma realizada, el industrial me recomendó a su amigo, el señor Pere Milà.

## Vivir en una "pedrera": la Casa Milà

Algunos ciudadanos se escandalizaban con mis obras como la recién acabada Casa Batlló. ¡Ignorantes! No entienden mis innovaciones artísticas. Afortunadamente también había personas admiradoras de mis edificios desbordantes de vida y naturaleza. Como el conocido burgués Pere Milà. Me encargó la casa más espectacular y monumental que pudiera hacer: ¡La Pedrera!, como los envidiosos la llamaron en broma.

Es un edificio altísimo con garaje, planta baja, entresuelo, planta noble de la vivienda de la familia Milà, cuatro plantas para alquilar a otras familias y una buhardilla muy curiosa para tareas del personal de servicio doméstico. Sorprende que las salidas a los diversos niveles del terrado parezcan pequeños torreones colocados entre salidas de aire y chimeneas.

Situé un ascensor para subir a los domicilios de las familias burguesas, pero los pobres criados y criadas tenían que subir por las escaleras centrales hasta la buhardilla. Allí lavaban, tendían y planchaban la ropa. Los ricos industriales vivían con muchos lujos y comodidades ¿no?

El edificio son dos fincas independientes unidas mediante una única fachada de piedra ondulante con grandes ventanales. Para dar importancia a sus balcones, encargué unas barandillas especiales a mi ayudante Jujol. Según mis indicaciones sobre la naturaleza salvaje, ideó un enrejado de hierro formado por hojas, ramas y flores. Uno puede estar horas mirándolos y siempre se descubre alguna cosa nueva. ¡Son geniales!

Mi gran afición por el excursionismo y la naturaleza se notan mucho en todos los detalles del edificio: relieves de hojas de plantas en los techos de yeso de la planta noble, escalera con forma de caracola de mar, suelos decorados con madera noble de varios tonos como los caminos del bosque, etc.

En los interiores de las viviendas mezclo materiales pensando en crear espacios confortables para las personas que van a vivir allí. Es como si la madera, el hierro, el yeso o el latón… hablasen entre ellos para lograr que la familia Milà esté a gusto en las salas y habitaciones de La Pedrera.

Finalmente, en el tejado, quise situar una gran estatua de mármol de la Virgen María. Pero el propietario no quería gastar tanto dinero y sólo me dejó llenarlo con retorcidas chimeneas. Primero me enfadé muchísimo con él. Ahora, reconozco que el cambio ha valido la pena: ¡son fantásticas!

## ¿Genio o trabajador incansable?

Dicen que el artista genial busca la perfección sin descanso. Yo me esforcé mucho por conseguir los mejores edificios para mis clientes. Experimenté con técnicas y materiales hasta encontrar la combinación más adecuada para mis proyectos. La verdadera obra de arte es una suma de invención, habilidad y buen gusto estético. Aunque… ¿quién sabe qué es el buen gusto?

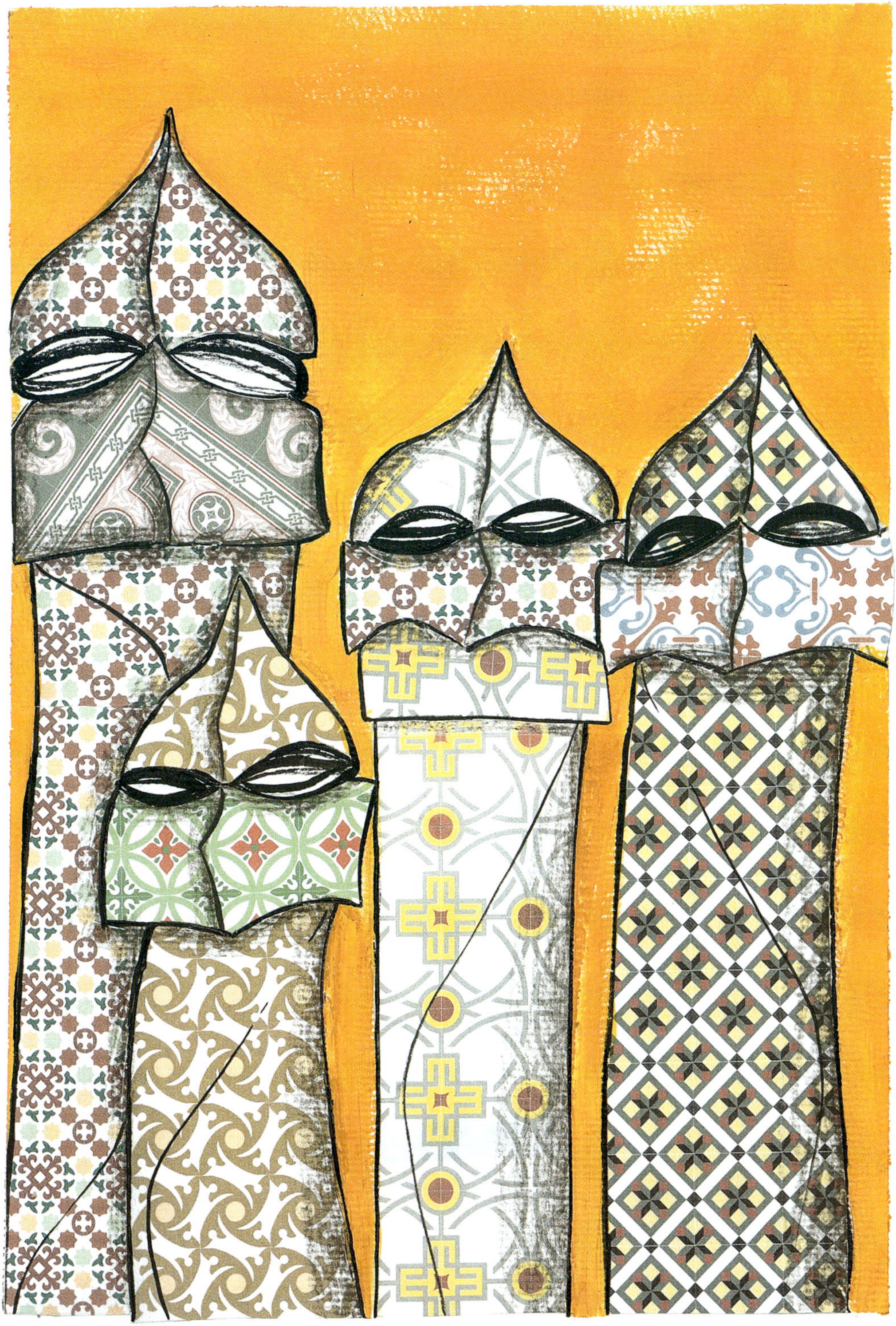

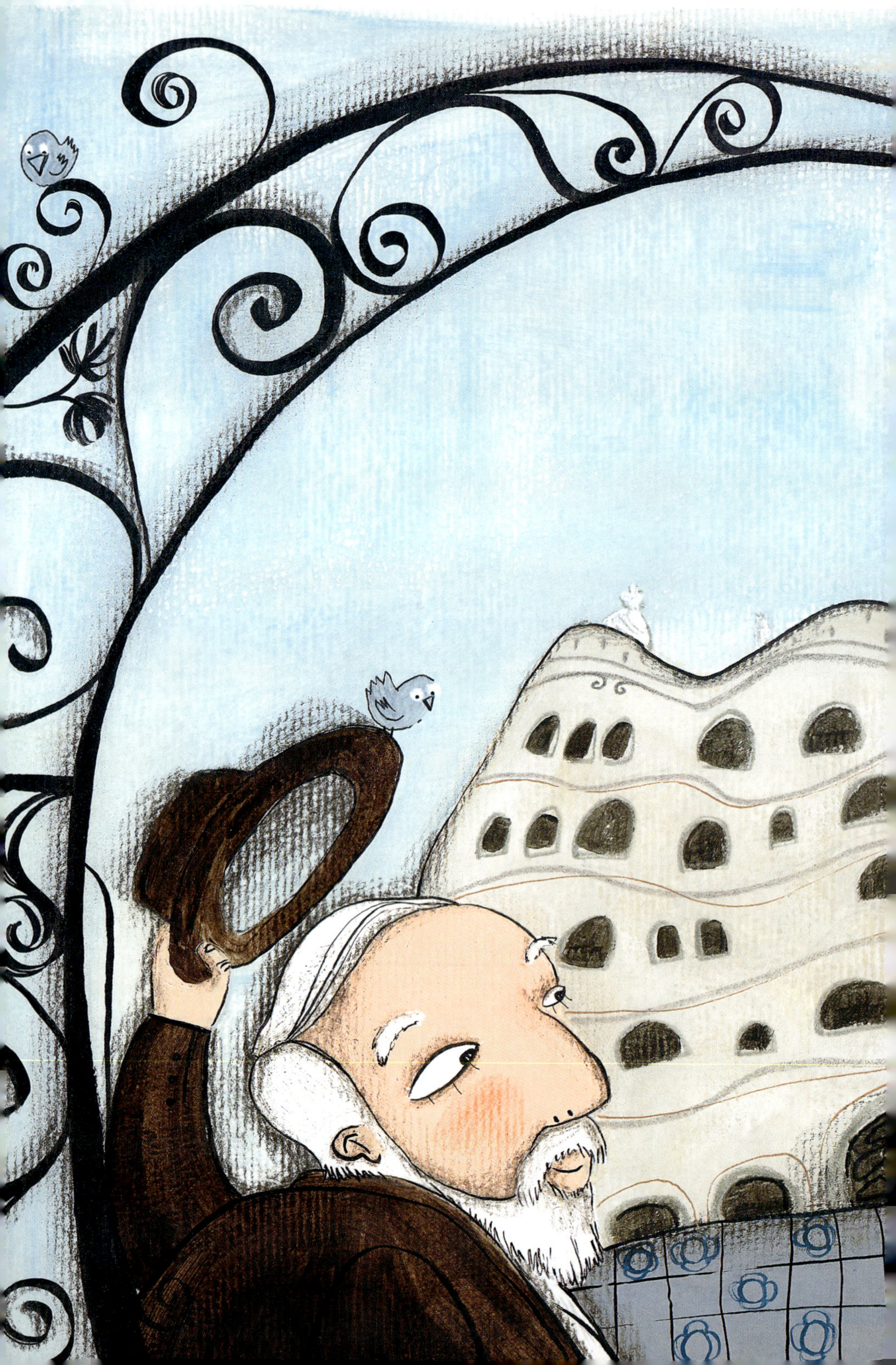

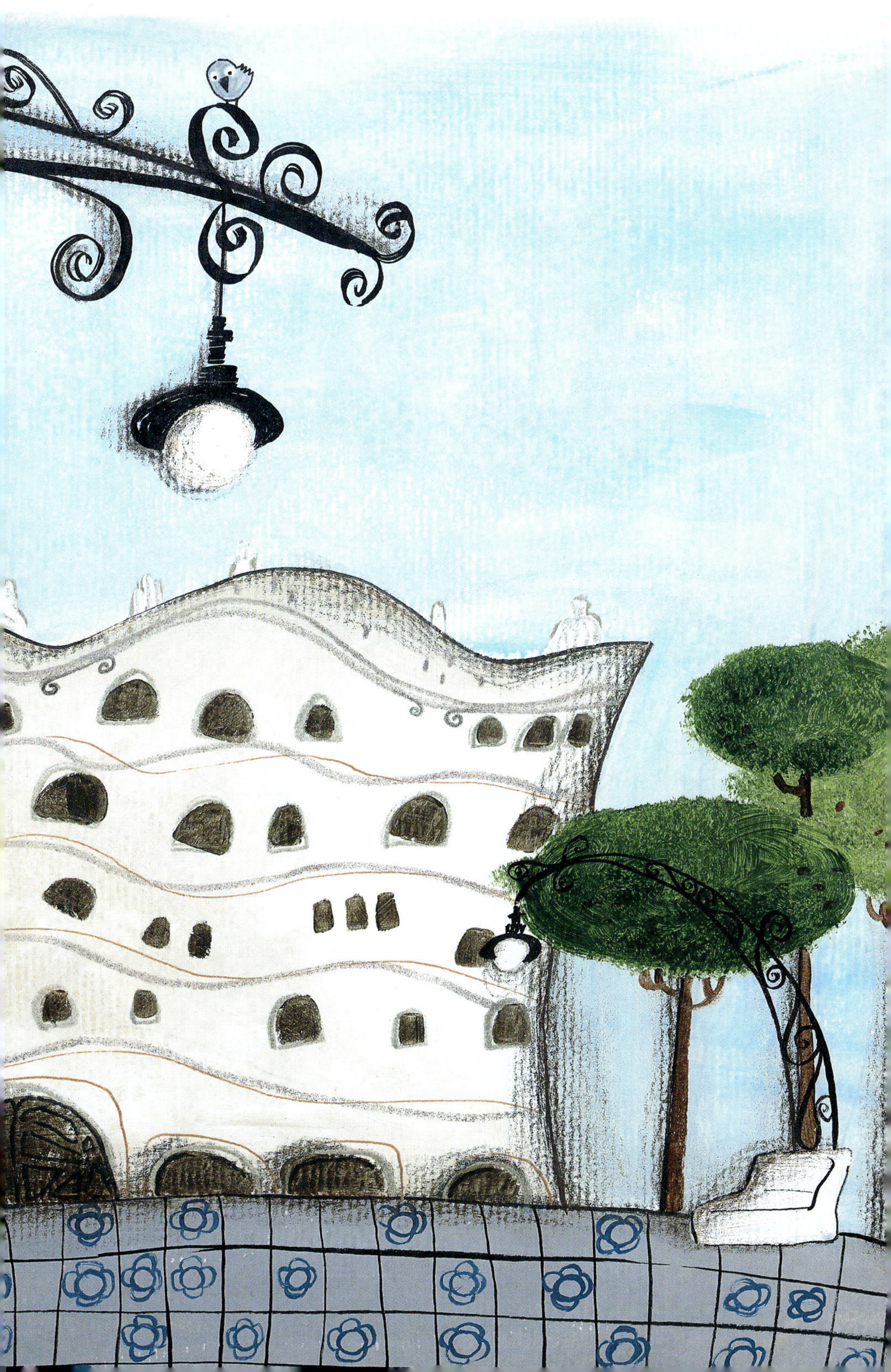

Existe una anécdota sobre la reacción de un embajador de un país extranjero ante mis edificios. Vino a la ciudad para dar una conferencia en el Ateneo (un famoso centro cultural de la época). Pero, paseando por el paseo de Gracia, contempló asustado La Pedrera y la Casa Batlló. Regresó corriendo a su país. «¿Por qué se fue tan rápido?», le preguntaron. «En Barcelona hay locos que construyen casa para dinosaurios y dragones», contestó.

¡Ya veis! No todos muestran la sensibilidad necesaria para comprender mis edificios. Incluso algunos se burlaban ante mí. Así, que les respondía seca y educadamente sobre sus equivocadas opiniones. Y como era tímido, me gané la fama de malhumorado y complicado. Creo que es mejor conocerme para entender mis obras. Por eso estoy explicando mi vida aquí.

En cambio, en otros países se interesaron por mí. En París realizaron una exposición de mi innovadora obra en la Societé Nationale de Beaux Arts en 1910. Y dos años antes una empresa de Nueva York me encargó el diseño de un gran hotel… Al final, los arquitectos españoles me hicieron un homenaje en su Congreso de 1922, pero no fui porque mi salud era muy frágil a mis setenta años.

# No tengo escuela ni he escrito...

Pero tengo muchos admiradores y seguidores de todas las nacionalidades. Algunos han publicado sus recuerdos de conversaciones conmigo. Otros vienen desde muy lejos para observar mis edificios. Se realizan donaciones para finalizar mi obra inacabada de la Sagrada Familia. Y, lo más sorprendente: ¡un artista japonés está realizando esculturas en el taller para una de sus fachadas!

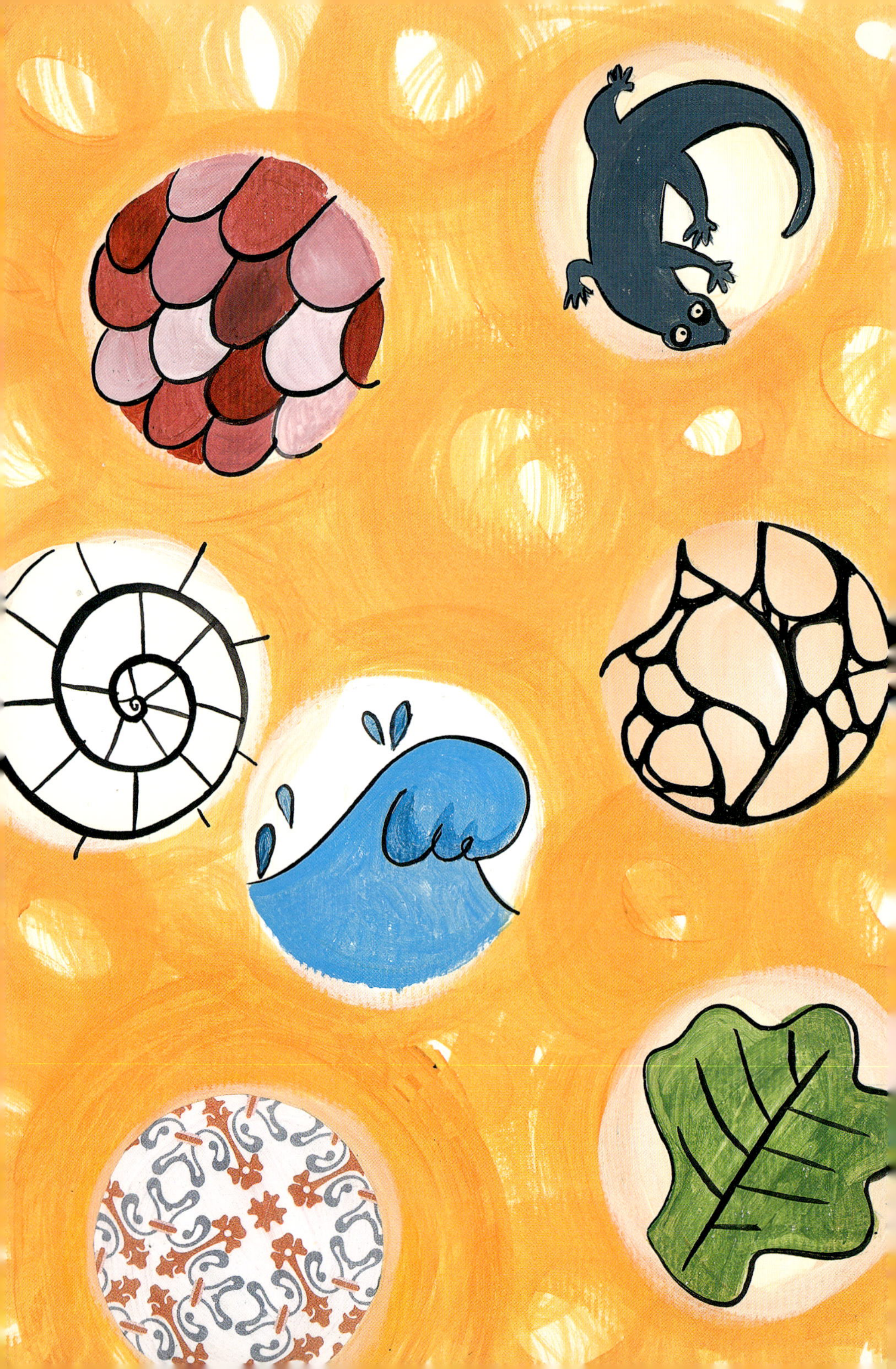

Los expertos valoran mi arquitectura por ser mediterránea, naturalista y colorista. Reconocidos arquitectos como Le Corbusier afirmaron que me avancé a mi tiempo por insistir en la utilidad de las cosas bellas. Un arquitecto actual muy famoso, llamado Norman Foster, opina que mis métodos continúan siendo revolucionarios hoy en día. Otros mantienen que soy un misterio…

Pero los que verdaderamente apreciaron la genialidad de mi estilo innovador fueron las llamadas vanguardias artísticas del siglo xx. Salvador Dalí, entre ellos, me defendió como ejemplo de modernización de la arquitectura. Gracias a estos artistas se recuperó el interés por mi persona y mi obra. Aunque… ¡no quiero monumentos! Los artistas no los necesitamos. Nuestras obras son nuestro mejor monumento para el recuerdo.

## Barcelona a vista de pájaro

Finalmente, las autoridades de la ciudad de Barcelona me dedicaron todo un año de celebraciones: 2002, Año Internacional Gaudí. Se organizaron conferencias, exposiciones, fiestas, espectáculos de teatro y danza y hasta un musical sobre mi fascinante universo. Gracias a ello, y a las olimpiadas de Barcelona 92, mis obras se conocen mundialmente. Y ¡tengo centenares de páginas web!

Desde donde estoy, veo que Barcelona recibe a lo largo del año miles de turistas. Muchos son americanos y japoneses, que quieren conocerme a través de mis obras. Cada uno de mis edificios muestra su gran personalidad desde los cimientos hasta el tejado. Creo que toda obra de arte ha de ser seductora. Debe atraer a todo tipo de público. Sólo así se puede afirmar que es Arte Universal.

Barcelona sería muy diferente sin mi obra. El Ayuntamiento ha reconocido la importancia de mis edificios y los protege como monumento del catálogo del patrimonio de la ciudad. Incluso, desde finales de la década de 1960, el Gobierno español los ha incluido dentro de la lista de monumentos histórico artísticos de interés nacional. Y la UNESCO ha catalogado algunos de ellos como patrimonio mundial. ¡Qué honor!

Volviendo a mi enamorada Barcelona. Quizá sean los tejados y terrazas de las viviendas del barrio gótico y del Ensanche lo más atractivo de nuestra ciudad. El gigantesco y alucinante terrado de La Pedrera, las coloridas chimeneas-guardianes vigilantes del Palau Güell, el curvado tejado de la Casa Batlló… ¡Ah! y sin olvidarnos de las majestuosas torres de la Sagrada Familia, auténtico símbolo de mi amada Barcelona. ¡Mis tejados son mágicos!

| Años | Vida de Gaudí | Historia |
|---|---|---|
| 1852-1883 | 1852. Nace el 25 de junio en Reus (Cataluña, España).<br>1863. Estudia en los padres Escolapios de Reus.<br>1873. Entra en la Escuela Provincial de Arquitectura de Barcelona.<br>1877. Ayudante de J. Fontseré en la cascada y reja del parque de la Ciutadella.<br>1878. Título de Arquitecto.<br>1882. Encargo de continuar el templo de la Sagrada Familia.<br>1883. Inicia la Casa Vicens. | 1867. Exposición Universal en París.<br>1869. Concilio Vaticano I.<br>1872. Primera Internacional, en Londres.<br>1873. 1ª República Española.<br>1877. Reina Victoria de Inglaterra, emperatriz de las Indias.<br>1878. Independencia de Rumanía.<br>1879. Irlanda contra Inglaterra. |
| 1884-1890 | 1886. Inicia la reforma del Palau Güell.<br>1887. Viaja por el sur de España y Marruecos.<br>1890. Finaliza el colegio de las Teresianas y empieza la cripta de la Colonia Güell. | 1888. 1ª Exposición Universal en Barcelona.<br>1889. Segunda Internacional, en París. |
| 1891-1897 | 1891. Se desplaza a León para iniciar la casa llamada Los Botines y a Astorga, para la intervención en el palacio Episcopal.<br>1895. El Garraf es el lugar elegido por los Güell para situar sus bodegas. | 1891. Destitución de Bismark en Alemania.<br>Renovación de la Triple Alianza. |
| 1898-1905 | 1898. Modifica la Casa Calvet, del paseo de Gracia.<br>1900. Proyecto de ciudad-jardín del Park Güell.<br>1903. Restauración de la catedral de Mallorca.<br>1905. Se traslada a vivir al Park Güell. | 1898. Reina Alfonso XIII en España.<br>Guillermo II, emperador de Alemania.<br>Disolución del Reichstag.<br>1905. Semana Trágica en Barcelona. |
| 1906-1914 | 1906. Comienza el polémico proyecto de La Pedrera.<br>1911. Enferma gravemente a causa de la fiebre de Malta. | 1910. Revolución mexicana.<br>1912. El Tibet se independiza.<br>1913. Segunda Guerra de los Balcanes.<br>1914. Estalla la Primera Guerra Mundial. |
| 1915-1926 | 1915. Finaliza la cripta de la Colonia Güell.<br>1926. Un tranvía lo atropella el 7 de junio. Muere tres días más tarde y es enterrado en la cripta de la Sagrada Familia. Funeral multitudinario. | 1917. Estalla la Revolución Rusa.<br>1918. Fin de la Primera Guerra Mundial.<br>1920. Dictadura de Primo de Rivera. |

## Arte

1863. *Le déjeuner sur l'herbe*, de Manet.
1868. Salón oficial de presentación de los impresionistas.
1874. 1ª Exposición Impresionista.
1879. Ibsen publica la novela *Casa de muñecas*.
1880. *El pensador*, de Rodin.
1881. Nace Pablo Picasso.

---

1884. Fundación de la sociedad de artistas independientes.
1886. Nace Mies van der Rohe.
1890. Muere Vincent van Gogh.

---

1896. *Los jugadores de cartas*, de Cézanne.

---

1901. 1ª Exposición Retrospectiva de Vincent van Gogh.
1905. Expresionismo de Die Brücke.
1905. *Solitud*, de Víctor Català.

---

1907. *Les mademoiselles d'Avignon*, de Picasso.
1909. Muere Isaac Albéniz.
1910. *Cristo resucitado*, de J. Llimona.

---

1920. Creación de la Bauhaus. Nace Antoni Tàpies.
1920. Dadaísmo.
1924. *Veinte poemas de amor*, de Pablo Neruda.
1925. Muere Juan Gris.

## Cultura

1854. *Tiempos difíciles*, de Charles Dickens.
1864. Ildefons Cerdà proyecta el Ensanche de Barcelona.
1869. Nace Gandhi.
1876. Graham Bell inventa el teléfono.
1879. Nace Albert Einstein.
1881. O. Wilde publica el libro de *Poemas*.
1883. Muere Karl Marx.

---

1884. Waterman inventa la pluma estilográfica.
1889. Nace Martin Heidegger.
1890. Dunlop inventa el neumático.

---

1895. Los Lumière crean el cine.
1897. Motor Diesel.
1897. Marconi patenta la radio.
1900. Nace Antoine de Saint-Exupéry.
1905. Ramón y Cajal, Premio Nobel de Medicina.

---

1909. Conquista del Polo Norte.
1910. *En busca del tiempo perdido*, de M. Proust.
1912. *Campos de Castilla*, de A. Machado.

---

1915. *Introducción al psicoanálisis*, de Sigmund Freud.
1921. Einstein, Premio Nobel de Física.
1925. Josephine Baker baila en París.

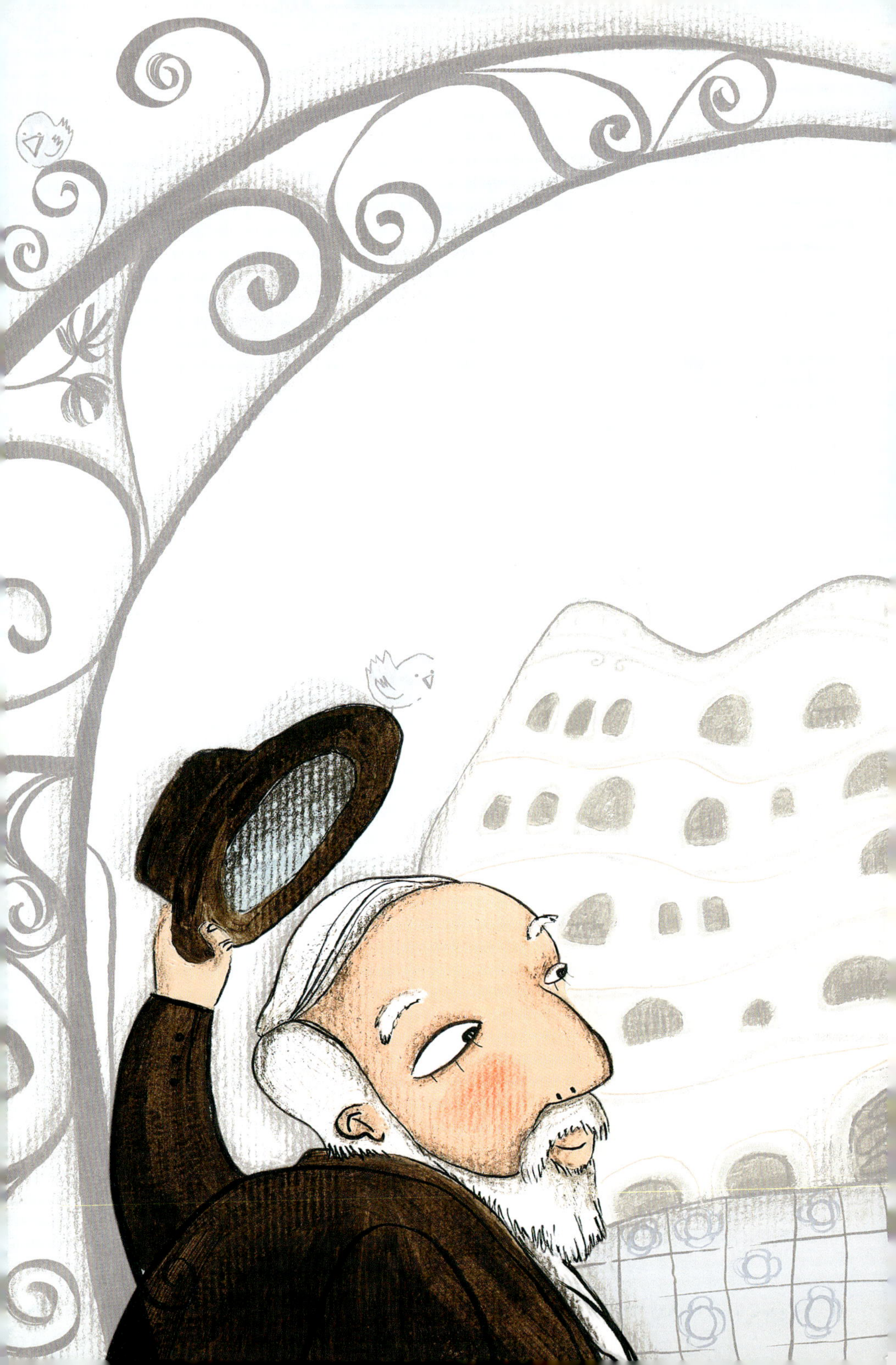